Imagen de la portada: Julio Fer.
http://www.edicionesinvasoras.com
D.L. ZA 46-2024
ISBN: 978-84-18885-41-9

LA HERENCIA DE AUSCHWITZ

Miguel Palacios

Escribir contra Auschwitz

Antonio Miguel Morales

Una de las acepciones del término "herencia" según el Diccionario de la Real Academia Española de la Lengua es "rasgo o caracteres morales, científicos, ideológicos... que, habiendo caracterizado a alguien, continúan advirtiéndose en sus descendientes o continuadores". Esta acepción le viene al pelo al significado que adquiere la palabra en el título, o más bien en la obra, de Miguel Palacios. El tema de *La herencia de Auschwitz* es precisamente la capacidad que tiene el pasado para arrojar su oscuridad sobre el presente. Esto sucede en más ocasiones de las deseadas. Y lejos de buscar la forma de poner remedio a esta negligencia, parece que asentimos con naturalidad y colocamos con nuestra desmemoria de charanga y pandereta a los voceros negacionistas de la historia como representantes de nuestro legado colectivo, como gerifaltes de la ética contemporánea.

Esa turbia capacidad que tiene el pasado para provocar el colapso de la historia, cuando se halla mediatizada por el teatro, es capaz de generar una luz catártica, a la que alude indirectamente el filósofo italiano Giorgio Agambem en su terrorífico trabajo -a la vez que imprescindible y esclarecedor- *Lo que queda de Auschwitz*: la lectura de esta obra nos habla de la importancia de nombrar el horror, situando de esta manera la palabra de Miguel Palacios dentro de una corriente necesaria de autores- testigos a la que haremos referencia más adelante.

En *La herencia de Auschwitz* una funcionaria pública atiende las peticiones de un desempleado, pero esta situación es solo el pretexto para construir un intrigante juego dimensional donde el tiempo fluye oníricamente y una grieta en el presente deja ver algunas heridas de la historia reciente que todavía no han podido sanar del todo.

Miguel Palacios no escatima medíos dramatúrgicos para conducirnos a una reflexión dolorosa: somos los hacedores del olvido más flagrante y ruin, y más veces de las convenientes consentimos la connivencia feroz de las instituciones (representadas por una funcionaria indolente) con la remembranza de un fascismo que expande su eco y lo amplifica como un canto rodado rompiendo el cristal dócil de un lago donde se refleja, como Narciso delirante, el rostro de nuestro tiempo.

Teatro político y teatro onírico se dan la mano en esta obra, y ese me parece uno de los grandes logros de la propuesta: la realidad del martillo brechtiano junto a la influencia de dramaturgos como Maeterlinck o Cocteau, sin olvidar nunca la presencia de la muerte como eslabón común que sublima los límites difusos entre lo real y lo soñado; y para rizar el rizo, el autor hace un guiño final —soy de los que piensa que en teatro no existe el *espóiler,* y por eso me arriesgo a decirlo— al teatro documento.

Toda esta estructura dramatúrgica está al servicio de un objetivo que nunca se pierde de vista: dar fe de que el horror permanece, evidenciar que sus efectos pueden incluso hacerse más grandes si no somos capaces de nombrarlos. El dramaturgo malagueño le pone nombre al horror, y lo hace unas veces desde la crudeza del código testimonial y otras desde la emoción palpitante de la poesía en escena: una anécdota contada por uno de los protagonistas nos sitúa en la infancia como territorio mítico y me parece que el relato tiene un poder poético que amplifica la llaga y que vincula con clarividencia dos de los momentos más vergonzantes de Europa: la Guerra de España y la Shoah.

Dice Juan Mayorga en *La representación teatral del holocausto:* "A mi juicio, el mejor teatro del Holocausto es aquel que ha sido capaz de incitar al duelo por las víctimas y, al tiempo, hacer que el espectador mire a su alrededor y dentro de sí, preguntándose por lo que queda del veneno de Auschwitz y por lo que en sí mismo hay de verdugo o de cómplice del verdugo. Es lo que, siguiendo estrategias muy diversas, además de Weiss en *La indagación,* logran, entre otros, Arthur Miller en *Cristales rotos,* George Tabori en *Los caníbales,* Harold Pinter en *Cenizas a las cenizas,* Enzo Corman en *Sigue la tormenta* o Thomas Bernhard en *Plaza de los héroes.".* Con *La herencia de Auschwitz,* Miguel Palacios se sitúa en la estela de sus maestros. Y lo hace con la certeza de quien sabe que no basta escribir de Auschwitz, sino que es imprescindible (y vuelvo a citar a Mayorga) "escribir contra Auschwitz".

Concluimos volviendo a Agamben, que afirma: "en un campo, una de las razones que pueden impulsar a un deportado a sobrevivir es convertirse en un testigo".

Pues bien, creo que una de las razones fundamentales que encuentra el teatro contemporáneo para ejercer su resistencia puede ser esa: devenir en testigo. Y Miguel Palacios, que lo sabe, usa con maestría el poder de su palabra y construye un artefacto poderoso que logra con creces erigirse entre el silencio cómplice de los partidarios y el lacerante aullido de los negacionistas de la historia.

LA HERENCIA DE AUSCHWITZ

La EMPLEADA DE LA AGENCIA PÚBLICA DE EMPLEO: cuarenta y cuatro años. Gordita. Vestido azul cerrado por delante. Labios muy rojos. Rímel negro.

El DESEMPLEADO: cuarenta y dos años. Traje moderno sin extravagancias ni corbata. Camisa blanca. Zapatos elegantes.

Un TIPO MUY GRIS: borrego funcional. *Kapo* de campo de exterminio.

En España.
En la actualidad.

El signo / indica una interrupción brusca del discurso.

NOTA: la traducción de los textos en alemán aparecerá proyectada sobre la escena.

Oficina de la Agencia Pública de Empleo, muy temprano. Timbres de teléfonos, gente hablando —sin que se entienda lo más mínimo lo que dice—, ruido de ordenadores.
Entra el DESEMPLEADO *con su número en la mano, como sin saber muy bien qué hacer. Busca y encuentra la mesa 04. Sin decir nada, le tiende el número a la* EMPLEADA DE LA AGENCIA PÚBLICA DE EMPLEO *y, visiblemente incómodo, se sienta frente a ella.*
Se apaga el ruido.
La EMPLEADA DE LA AGENCIA PÚBLICA DE EMPLEO *tira el número a la papelera y esboza una sonrisa que tiene más que ensayada.*

LA EMPLEADA DE LA AGENCIA PÚBLICA DE EMPLEO
Le escucho, dígame.

EL DESEMPLEADO
Pues... Vengo a inscribirme.

La EMPLEADA DE LA AGENCIA PÚBLICA DE EMPLEO *lo observa un instante sin decir nada.*

EL DESEMPLEADO
Es la Agencia Pública de Empleo, ¿no?

LA EMPLEADA DE LA AGENCIA PÚBLICA DE EMPLEO
¡Correcto! La Agencia Pública de Empleo.

Se miran otro instante, él como diciendo que es evidente a lo que viene y ella como esperando a que se explique.

LA EMPLEADA DE LA AGENCIA PÚBLICA DE EMPLEO
DNI, por favor. *(Se lo da).* Francisco Moreno Ruiz... *(Introduce los datos en el ordenador y mira atentamente la pantalla).* ¡Ummmmn! Veo que nunca ha estado inscrito.

EL DESEMPLEADO
No.

LA EMPLEADA DE LA AGENCIA PÚBLICA DE EMPLEO
¿Cómo es eso?

EL DESEMPLEADO
Nunca he dejado de trabajar.

LA EMPLEADA DE LA AGENCIA PÚBLICA DE EMPLEO
¿Ah, sí? Qué bien.

EL DESEMPLEADO
Es que he vivido muchos años en el extranjero.

LA EMPLEADA DE LA AGENCIA PÚBLICA DE EMPLEO
Todo se explica. *(Risita cómplice a la que el* DESEMPLEADO *no se suma).* Nivel de estudios: ¿bachillerato?

EL DESEMPLEADO
(Sonrisilla de orgullo). Doctor.

LA EMPLEADA DE LA AGENCIA PÚBLICA DE EMPLEO
¿Título?

EL DESEMPLEADO
Aquí lo tiene.

LA EMPLEADA DE LA AGENCIA PÚBLICA DE EMPLEO
Doctor en Filosofía His/

EL DESEMPLEADO
No, "Filología". No "Filosofía", "Filología". Filología Hispánica, de hecho. Lo pone en el diploma.

LA EMPLEADA DE LA AGENCIA PÚBLICA DE EMPLEO
Filo...to... ¿Puede deletrearlo? Lo siento, no me he traído las gafas de cerca.

EL DESEMPLEADO

"F", "i", "l"... *(Rompe a reír).* Es broma, ¿no?

LA EMPLEADA DE LA AGENCIA PÚBLICA DE EMPLEO
(Muy seria). ¿Broma? No, ¿por qué iba a ser broma?

EL DESEMPLEADO
Pues...

LA EMPLEADA DE LA AGENCIA PÚBLICA DE EMPLEO
No se lo tome a mal, yo no dudo de su capacitación, ni del interés de sus estudios, pero es que es usted la primera persona, que yo recuerde, que ha venido a esta oficina confesando haber estudiado... Fff... ... ¡eso!

EL DESEMPLEADO
"Eso"... ¿Filología?

La EMPLEADA DE LA AGENCIA PÚBLICA DE EMPLEO *suelta una risotada.*

EL DESEMPLEADO
¿Le hace gracia?

LA EMPLEADA DE LA AGENCIA PÚBLICA DE EMPLEO
Es la palabra esa, que/

EL DESEMPLEADO
¿Filología?

La EMPLEADA DE LA AGENCIA PÚBLICA DE EMPLEO *deja escapar un chillido al que sigue una risotada más estridente y larga que la anterior.*

LA EMPLEADA DE LA AGENCIA PÚBLICA DE EMPLEO
¡No siga!... ¡No siga, por favor!

EL DESEMPLEADO
¡Cosas peores habrá visto!

LA EMPLEADA DE LA AGENCIA PÚBLICA DE EMPLEO
Bueeeeeno... ¡Ay!... Ayer tuve ahí donde está usted sentado a un chico de buena familia licenciado en Historia del Arte. ¡Qué lastima! Y hace tres semanas, en el mismo sitio, a una jovencita con un máster en Periodismo. Imagínese, ¡periodismo!, pues como lo suyo. Porque, mire usted, haberlos tiene que haberlos: historiadores, escritores, músicos, periodistas, "filósofos"..., pero que lo confiesen así, abiertamente... ¡Y menos en un sitio como este! Hay cosas que es mejor dejar en el armario, supongo que entiende a lo que me refiero.

EL DESEMPLEADO
Ya, en realidad no, pero en fin... Yo he trabajado muchos años como director de una estructura cultural en/

LA EMPLEADA DE LA AGENCIA PÚBLICA DE EMPLEO
(Chasquea la lengua y dice "no" con el dedo). Cada cosa a su tiempo, y sigue siendo la hora de la formación. Dígame, señor Moreno, ¿está usted en posesión de otros títulos?

EL DESEMPLEADO
Sí. Tengo un *(lo pronuncia en inglés)* MBA.

LA EMPLEADA DE LA AGENCIA PÚBLICA DE EMPLEO
De acuerdo. *(Escribe y lo pronuncia en español).* El desempleado está en posesión de un TDIEI.

EL DESEMPLEADO
No, un "TDIEI", no; un MBA. "MBA", ¿comprende?

LA EMPLEADA DE LA AGENCIA PÚBLICA DE EMPLEO
Ah, perdón. Tiene un *(a partir de aquí con acento inglés)* NBC.

EL DESEMPLEADO
¡Un MBA!

LA EMPLEADA DE LA AGENCIA PÚBLICA DE EMPLEO
Un ABC.

EL DESEMPLEADO
No, un ABC, no. ¡Un MBA!

LA EMPLEADA DE LA AGENCIA PÚBLICA DE EMPLEO
¿CNN?

EL DESEMPLEADO
¡MBA!

LA EMPLEADA DE LA AGENCIA PÚBLICA DE EMPLEO
¿BBC?

EL DESEMPLEADO
¡MBA!

LA EMPLEADA DE LA AGENCIA PÚBLICA DE EMPLEO
¿U2?

EL DESEMPLEADO
¡MBA!

LA EMPLEADA DE LA AGENCIA PÚBLICA DE EMPLEO
(En español a partir de aquí). ¿MMA?

EL DESEMPLEADO
(También en español). ¡MBA! ¡MBA! No es tan difícil.

LA EMPLEADA DE LA AGENCIA PÚBLICA DE EMPLEO
¿AMC?

EL DESEMPLEADO
¡MBA!

LA EMPLEADA DE LA AGENCIA PÚBLICA DE EMPLEO
¿HBO?

EL DESEMPLEADO
¡MBA! ¡Hostias! *(En inglés).* ¡MBA! Ni "TDIEI", ni "ABC", ni "NBC", ni "CNN", ni "BBC", ni "U2", ni *(en castellano)* "MMA", ni "AMC", ni "HBO", ni nada que se el parezca: *(en inglés)* ¡MBA, MBA, MBA! No es tan difícil, haga un esfuerzo.

La EMPLEADA DE LA AGENCIA PÚBLICA DE EMPLEO *lo mira rumiando la información.*

EL DESEMPLEADO
Master in Business Administration. Expedido por la Bocconi di Milano. *(Le muestra la copia del título).*

LA EMPLEADA DE LA AGENCIA PÚBLICA DE EMPLEO
¿Es una Universidad española?

EL DESEMPLEADO
No, italiana.

LA EMPLEADA DE LA AGENCIA PÚBLICA DE EMPLEO
Entonces, no vale.

EL DESEMPLEADO
Perdone, señora, pero la Bocconi es una de las Business Schools más prestigiosas de Europa.

LA EMPLEADA DE LA AGENCIA PÚBLICA DE EMPLEO
Sí, ya, pero no es española, así que el título no vale. Además *(examinando la copia del título)*..., ¡está en inglés!

EL DESEMPLEADO
¿Y? ¿Cuál es el problema?

LA EMPLEADA DE LA AGENCIA PÚBLICA DE EMPLEO
Pues que no es un título español y que además está en inglés. O sea, que no vale y no vale. ¿Me entiende?

EL DESEMPLEADO
¿Cómo que "no vale y no vale"? ¿Es usted consciente de lo reconocido que está este título?

LA EMPLEADA DE LA AGENCIA PÚBLICA DE EMPLEO
Como si fuese de la Universidad de Navarra. El título no es español y además está en inglés, así que no vale y no vale. Pero si quiere, para que conste, puede presentar un certificado de la escuela esa...

EL DESEMPLEADO
La Bocconi.

LA EMPLEADA DE LA AGENCIA PÚBLICA DE EMPLEO
Esa misma, un certificado de que usted ha estudiado allí lo que dice que ha estudiado, que contenga el descriptor oficial de cada una de las asignaturas que conforman el plan de estudios del título en cuestión que dice que ha obtenido, el número de créditos, el número de horas lectivas y sus

calificaciones en base diez. Por supuesto, la acreditación, datada, sellada y firmada por el director de la escuela...

EL DESEMPLEADO
La Bocconi.

LA EMPLEADA DE LA AGENCIA PÚBLICA DE EMPLEO
(Asiente con un gesto de la mano). Y todo traducido al castellano por un traductor jurado.

EL DESEMPLEADO
Dando por hecho que se pueda hacer, que no lo tengo tan claro, ¿sabe el tiempo y el dinero que me costaría eso?

LA EMPLEADA DE LA AGENCIA PÚBLICA DE EMPLEO
O sea, que no lo piensa hacer.

EL DESEMPLEADO
Por supuesto que no.

LA EMPLEADA DE LA AGENCIA PÚBLICA DE EMPLEO
Pues no vale y no vale. Cuando lo tenga, si algún día llega a tenerlo, vuelva a verme y lo incluimos en su dossier, mientras tanto...

EL DESEMPLEADO
¿Mientras tanto?

LA EMPLEADA DE LA AGENCIA PÚBLICA DE EMPLEO
No vale y no vale.

Comienza a oírse de forma casi imperceptible un ronroneo metálico y maquinal, como de fábrica soterrada en el abismo insondable.
El DESEMPLEADO *levanta la cabeza y agudiza el oído.*

LA EMPLEADA DE LA AGENCIA PÚBLICA DE EMPLEO
¿Me está usted escuchando? Digo que...

EL DESEMPLEADO
(Hace un gesto para que guarde silencio. Susurrando). ¿Lo oye?

LA EMPLEADA DE LA AGENCIA PÚBLICA DE EMPLEO
(Susurrando). ¿El qué?

EL DESEMPLEADO
Dígame que lo oye, por favor.

Ella lo mira sin comprender a lo que se refiere.

EL DESEMPLEADO
Dígame que lo oye.

El sonido se hace más evidente, primero aumenta para hacerse notar y luego desciende hasta quedar de fondo de las palabras de ambos.

LA EMPLEADA DE LA AGENCIA PÚBLICA DE EMPLEO
¿Qué tengo que oír?

EL DESEMPLEADO
La maquinaria.

LA EMPLEADA DE LA AGENCIA PÚBLICA DE EMPLEO
¿Los ordenadores?

EL DESEMPLEADO
¡La maquinaria! *(Con el horror que provocan los oscuros enigmas que rigen la existencia).* Es como si se hubiese abierto una grieta por la que escapa el aterrador murmullo

de las entrañas de la Tierra. En lo profundo, en lo más hondo de las simas más oscuras... y, a la vez, fuera, en las alturas, en las inalcanzables galaxias que surcan el Cosmos huyendo de la nada..., camino de la nada.

La EMPLEADA DE LA AGENCIA PÚBLICA DE EMPLEO *agudiza el oído.*

LA EMPLEADA DE LA AGENCIA PÚBLICA DE EMPLEO
Si usted lo dice.

EL DESEMPLEADO
¿No ve lo paradójico que es todo? Lo mismo dentro que fuera. Lo mismo en lo profundo que en las alturas. Los engranajes son la clave. ¡Los engranajes! No podemos escapar. Es una burla macabra, por mucho que corramos, por mucho que lo neguemos y tratemos de evitarlo, salimos del abismo para volver al abismo, y el abismo continúa con nosotros a cada paso que damos. He ahí la tremenda crueldad de existir, no hay donde reposar la cabeza.

La EMPLEADA DE LA AGENCIA PÚBLICA DE EMPLEO *lo mira con cierta incredulidad. Se diría que evalúa su cordura. El ruido de fondo se extingue.*

EL DESEMPLEADO
¿No se ha dado cuenta?

LA EMPLEADA DE LA AGENCIA PÚBLICA DE EMPLEO
¿De qué?

EL DESEMPLEADO
De la omnipresencia de la muerte. Caminamos con la muerte encima desde que llegamos a este mundo, y nos creemos

únicos, originales, especiales, pero nadie es inmune a la extinción, ni los planetas más grandes, ni los astros más brillantes, ni absolutamente ninguno de nosotros, los arrogantes e insignificantes seres humanos. Nadie.

LA EMPLEADA DE LA AGENCIA PÚBLICA DE EMPLEO
Y... *(Lo anima a continuar).*

EL DESEMPLEADO
Y eso debería hacernos reflexionar sobre cómo y en qué invertimos nuestro tiempo, ¿no le parece?

LA EMPLEADA DE LA AGENCIA PÚBLICA DE EMPLEO
Bueno, lo que me parece es que cada uno defiende su forma de vida. ¿Quiénes somos para juzgar a nadie?

EL DESEMPLEADO
Estoy de acuerdo, excepto en lo que concierne a los monstruos. La gente que se entrega al mal no merece ser comprendida, mucho menos, perdonada.

LA EMPLEADA DE LA AGENCIA PÚBLICA DE EMPLEO
El bien, el mal... Todo es tan insultantemente relativo.

La EMPLEADA DE LA AGENCIA PÚBLICA DE EMPLEO *sonríe. Ambos, muy serios, se miran fijamente a los ojos. Finalmente, es ella quien rompe el hielo.*

LA EMPLEADA DE LA AGENCIA PÚBLICA DE EMPLEO
(Sonriente). Y aquí estamos.

EL DESEMPLEADO
Sí, aquí estamos. Aquí estamos y ahora somos.

LA EMPLEADA DE LA AGENCIA PÚBLICA DE EMPLEO
¿Es un chiste de filósofo?

EL DESEMPLEADO
De filólogo. Soy filólogo, no filósofo; y, sí, en cierto modo, es un chiste de filólogo.

La EMPLEADA DE LA AGENCIA PÚBLICA DE EMPLEO *suelta una grotesca carcajada. El* DESEMPLEADO *la observa sin hacer ni decir nada. Los dos sueltan al mismo tiempo una grotesca carcajada. Recuperan a la vez la seriedad.*

LA EMPLEADA DE LA AGENCIA PÚBLICA DE EMPLEO
¿Por dónde íbamos? ¡Ah, sí! Otros títulos.

Un TIPO MUY GRIS, *vestido de* kapo *de campo de exterminio, se asoma por uno de los laterales y, muy discreto, trata de captar la atención de la* EMPLEADA DE LA AGENCIA PÚBLICA DE EMPLEO, *que por el momento no lo ve. El* DESEMPLEADO, *que sí repara en su presencia, siente un escalofrío; no puede dejar de mirarlo.*

LA EMPLEADA DE LA AGENCIA PÚBLICA DE EMPLEO
¿Pero qué...?

La EMPLEADA DE LA AGENCIA PÚBLICA DE EMPLEO *se fija en el* TIPO MUY GRIS, *que la interroga con el gesto. Ella niega con la cabeza, segura de sí, mostrando que controla la situación. El* TIPO MUY GRIS *se conforma y se marcha. El* DESEMPLEADO *se gira hacia ella.*

LA EMPLEADA DE LA AGENCIA PÚBLICA DE EMPLEO
(Como si nada hubiese pasado). ¿Por dónde íbamos? ¡Ah, sí! Otros títulos: ¿habla usted idiomas, señor Moreno?

EL DESEMPLEADO
(También como si nada hubiese pasado). Por supuesto, inglés y francés. *We can follow in English if you prefer..., ou en français.*

LA EMPLEADA DE LA AGENCIA PÚBLICA DE EMPLEO
¿Me toma el pelo?

EL DESEMPLEADO
¡Señora! ¡Para nada! Le estoy demostrando que hablo idiomas.

LA EMPLEADA DE LA AGENCIA PÚBLICA DE EMPLEO
¿Tiene algún título que lo pruebe?

EL DESEMPLEADO
No, pero/

LA EMPLEADA DE LA AGENCIA PÚBLICA DE EMPLEO
(Escribe). No habla idiomas.

EL DESEMPLEADO
¿Ah, no?

LA EMPLEADA DE LA AGENCIA PÚBLICA DE EMPLEO
No.

Un instante de desolación y de silencio.

LA EMPLEADA DE LA AGENCIA PÚBLICA DE EMPLEO
¿Algún otro título o diploma?

EL DESEMPLEADO
Sí, aunque en realidad... Quiero decir, es un título deportivo, no sé si servirá para/

LA EMPLEADA DE LA AGENCIA PÚBLICA DE EMPLEO
¿Es oficial?

EL DESEMPLEADO

Sí, expedido por la Federación Española de Taekwondo.

LA EMPLEADA DE LA AGENCIA PÚBLICA DE EMPLEO
¿Cómo dice?

EL DESEMPLEADO
Soy cinturón negro de taekwondo.

LA EMPLEADA DE LA AGENCIA PÚBLICA DE EMPLEO
Déjeme verlo. *(...).* Sí, ¿ve usted?, este es correcto. Es usted cinturón negro de taekwondo.

EL DESEMPLEADO
¡Qué suerte!

LA EMPLEADA DE LA AGENCIA PÚBLICA DE EMPLEO
(Mientras escribe). No, no es una suerte, está usted en posesión de un título expedido por un organismo oficial, convenientemente firmado y sellado, que prueba que ha adquirido los conocimientos que dice tener. *(Escribe.* Intro. *Mueca de desagrado).* ¡Vaya! Lo siento, el ordenador no reconoce el taekwondo. ¿Le importa que ponga judo?

EL DESEMPLEADO
¿Judo?

LA EMPLEADA DE LA AGENCIA PÚBLICA DE EMPLEO
Sí, judo, en lugar de taekwondo.

EL DESEMPLEADO
Pero/

LA EMPLEADA DE LA AGENCIA PÚBLICA DE EMPLEO
El judo es también un arte marcial, ¿verdad?

EL DESEMPLEADO
Sí, pero no tiene nada que ver con el taekwondo.

LA EMPLEADA DE LA AGENCIA PÚBLICA DE EMPLEO
¿En serio?

EL DESEMPLEADO
Y tanto. El judo es japonés, utiliza la fuerza del contrario y se basa en técnicas de proyección, luxación y estrangulación. El taekwondo es coreano y utiliza técnicas de puño y, principalmente, todo tipo de patadas.

LA EMPLEADA DE LA AGENCIA PÚBLICA DE EMPLEO
La decisión es suya: o pongo judo o lo dejo en blanco.

EL DESEMPLEADO
Pero yo no sé nada de judo.

LA EMPLEADA DE LA AGENCIA PÚBLICA DE EMPLEO
Pues lo dejo en blanco. Siguiente apartado: experiencia profesional.

El DESEMPLEADO *se ha quedado con la mirada enganchada al vacío.*

LA EMPLEADA DE LA AGENCIA PÚBLICA DE EMPLEO
(Subiendo la voz). Siguiente apartado: experiencia profesional.

EL DESEMPLEADO
Perdone es que ese hombre que ha entrado antes... Le parecerá extraño, pero, ¿sabe?, creo que ya lo había visto antes.

LA EMPLEADA DE LA AGENCIA PÚBLICA DE EMPLEO
(Sin mostrar el más mínimo interés). ¿Ah, sí?

EL DESEMPLEADO
Va a pensar que estoy loco, pero creo haberlo visto en un sueño.

LA EMPLEADA DE LA AGENCIA PÚBLICA DE EMPLEO
Desde luego, extraño es.

EL DESEMPLEADO
En fin, yo... tengo sueños recurrentes. Ya sabe, que se repiten. ¿No le pasa a usted?

LA EMPLEADA DE LA AGENCIA PÚBLICA DE EMPLEO
No.

EL DESEMPLEADO
¿Nunca?

LA EMPLEADA DE LA AGENCIA PÚBLICA DE EMPLEO
Jamás. No me acuerdo de mis sueños. Bueno sí, una vez soñé que era una peonza que daba vueltas y vueltas y vueltas, y me desperté mareada.

EL DESEMPLEADO
A lo mejor ya estaba mareada y por eso soñó que era una peonza.

LA EMPLEADA DE LA AGENCIA PÚBLICA DE EMPLEO
O me mareé porque soñé que era una peonza y de tanto girar terminé mareada. ¿Quién sabe?

EL DESEMPLEADO
Se ha percatado de que hemos estado a punto de entrar en un bucle.

LA EMPLEADA DE LA AGENCIA PÚBLICA DE EMPLEO
¿Un bucle?

EL DESEMPLEADO
Sí, algo que se repite una y otra vez.

LA EMPLEADA DE LA AGENCIA PÚBLICA DE EMPLEO
¿Como una peonza?

EL DESEMPLEADO
Algo así.

LA EMPLEADA DE LA AGENCIA PÚBLICA DE EMPLEO
¿Es otro chiste de filósofo?

EL DESEMPLEADO
(Va a decir "filólogo", pero desiste). No, no es un chiste. Sueño una y otra vez con montañas de cosas.

LA EMPLEADA DE LA AGENCIA PÚBLICA DE EMPLEO
¿Cosas? ¿Qué cosas?

EL DESEMPLEADO
¿Importa?

LA EMPLEADA DE LA AGENCIA PÚBLICA DE EMPLEO
¡Pues claro que importa! Las cosas determinan nuestra vida.

El DESEMPLEADO *se da un instante y comienza a hablar con un nudo en la garganta.*

EL DESEMPLEADO

(Basculando de la aséptica contemplación a la demencia feroz). Pues..., sueño con montañas de ropa, montañas de gafas, montañas de zapatos, montañas de maletas, montañas de cinturones y de bolsos, montañas de carteras y chequeras, montañas de electrodomésticos, montañas de palomas muertas, montañas de automóviles, montañas de revistas y periódicos, montañas de chalets con patio, jardín y piscina; montañas de ratas muertas, montañas de joyas, montañas de dientes de oro y dentaduras postizas, montañas de vallas publicitarias de todos los colores, montañas de personas muertas, montañas de piernas ortopédicas, de brazos, de manos. Montañas de cadáveres. Montañas de cadáveres. ¡Montañas de cadáveres!

LA EMPLEADA DE LA AGENCIA PÚBLICA DE EMPLEO

Debería cenar ligero.

EL DESEMPLEADO

(Frío). ¿Qué?

LA EMPLEADA DE LA AGENCIA PÚBLICA DE EMPLEO

Que debería cenar ligero, dormiría usted mejor.

EL DESEMPLEADO

Creo que ese es el problema, ya he dormido demasiado.

LA EMPLEADA DE LA AGENCIA PÚBLICA DE EMPLEO

Como quiera, pero sin ser médico ni pretenderlo, diría que la causa de su intranquilidad es la falta de sueño, *aber keine Sorge, wir werden es bald beheben* ["pero no se preocupe, pronto vamos a remediarlo"][1].

---

1 La traducción de los textos en alemán aparecerá proyectada sobre la escena.

Un instante de tenso silencio.

EL DESEMPLEADO
No hablo alemán.

LA EMPLEADA DE LA AGENCIA PÚBLICA DE EMPLEO
¿Alemán? Yo tampoco hablo alemán.

EL DESEMPLEADO
¿Ah, no?

LA EMPLEADA DE LA AGENCIA PÚBLICA DE EMPLEO
Por supuesto que no, sabré yo los títulos que tengo.

EL DESEMPLEADO
¡Vale!

LA EMPLEADA DE LA AGENCIA PÚBLICA DE EMPLEO
Por cierto, el hombre de antes... Al final no me ha dicho qué hacía en su sueño.

EL DESEMPLEADO
¡Es verdad! Pues no sé. ¡Sí! Algunas de las cosas que había amontonadas eran suyas..., o lo habían sido..., ¿o fue él quien las puso ahí? No estoy seguro. Igual fue todo al mismo tiempo.

LA EMPLEADA DE LA AGENCIA PÚBLICA DE EMPLEO
Comprendo. Bueno, pues ahora sí. Siguiente apartado: experiencia profesional.

EL DESEMPLEADO
(Funcional). Director del Gran Teatro de Nantes. He realizado este trabajo los últimos siete años en Nantes, Francia. Tuve que gestionar un presupuesto de/

LA EMPLEADA DE LA AGENCIA PÚBLICA DE EMPLEO
¿Tiene justificantes acreditativos traducidos al castellano por un traductor jurado?

EL DESEMPLEADO
No, pero/

LA EMPLEADA DE LA AGENCIA PÚBLICA DE EMPLEO
Pues no vale.

EL DESEMPLEADO
No vale.

LA EMPLEADA DE LA AGENCIA PÚBLICA DE EMPLEO
Eso es, no vale. Cuando los tenga vuelva a verme/

EL DESEMPLEADO
Y lo incluirá en mi dossier.

LA EMPLEADA DE LA AGENCIA PÚBLICA DE EMPLEO
¡Correcto! Cuando lo tenga, vuelva a verme y lo incluiremos en su dossier; pero pida cita antes, por internet o por teléfono, ya sabe *(esbozando una amplia sonrisa que recuerda a la del gato de Cheshire)*, "sin cita previa, no habrá cita después".

EL DESEMPLEADO
No habrá cita, no.

LA EMPLEADA DE LA AGENCIA PÚBLICA DE EMPLEO
¿Está usted bien?

EL DESEMPLEADO
Sí, es que me siento raro después de tantos años fuera de España.

LA EMPLEADA DE LA AGENCIA PÚBLICA DE EMPLEO
Eso es normal, yo estuve el fin de semana pasado en Cuenca y el lunes me parecía raro hasta el perro. *(El* DESEMPLEADO *la mira con gesto abatido y no dice nada).* Mi perro. *(Lo mismo).* Da igual. Sigamos.

EL DESEMPLEADO
¡Espere! Ahora que ha mencionado al perro...

LA EMPLEADA DE LA AGENCIA PÚBLICA DE EMPLEO
¿Mi perro? ¡Pshhh! Un simple comentario.

EL DESEMPLEADO
No lo es. Siempre hay una razón para decir lo que decimos, aunque muchas veces no lo sepamos.

LA EMPLEADA DE LA AGENCIA PÚBLICA DE EMPLEO
Es su opinión.

EL DESEMPLEADO
En fin... Los animales domésticos son cruciales en nuestra vida. ¡Fíjese!, si miro hacia atrás, hacia lo que era este país durante mi infancia, lo primero que me viene a la cabeza son los perros.

LA EMPLEADA DE LA AGENCIA PÚBLICA DE EMPLEO
¿"Los perros", ha dicho?

EL DESEMPLEADO
Sí. Cuando era pequeño vivíamos a las afueras de la ciudad, en pleno campo. Entonces abundaban por allí las bandadas de perros salvajes. Ya sabe, durante los últimos años del franquismo, España estaba aún sumida en el subdesarrollo.

LA EMPLEADA DE LA AGENCIA PÚBLICA DE EMPLEO
Bueno, bueno, no exagere, ni que estuviésemos hablando de Congo. En aquella época, España era un país "en vías de

desarrollo", y la verdad es que, digan lo que digan, aquí se vivía muy bien entonces.

EL DESEMPLEADO
¿Ah, sí? Bueno, no nos desviemos. La cuestión es que muchos de los perros de las jaurías que le comento no habían nacido en libertad, eran perros domésticos abandonados que trataban de sobrevivir. No sé si lo sabe, pero el perro es un animal gregario, necesita la manada para salir adelante.

LA EMPLEADA DE LA AGENCIA PÚBLICA DE EMPLEO
Como el lobo.

EL DESEMPLEADO
Sí, y como el ser humano, por eso convive con nosotros desde el Mesolítico, y por eso en cuanto está solo busca la protección de un grupo humano o, y era el caso, de otros perros.

LA EMPLEADA DE LA AGENCIA PÚBLICA DE EMPLEO
Parece que sabe usted mucho de perros. ¿Ha realizado alguna formación reglada? ¿Adiestrador canino tal vez? Si posee un diploma oficial todavía estamos a tiempo de incluirlo en su dossier.

EL DESEMPLEADO
No es el caso..., pero déjeme que le cuente. Aquellos perros me fascinaban, era hermoso verlos a todos juntos corriendo por el monte y, al mismo tiempo, podían ser tan peligrosos que me daban muchísimo miedo. Los vecinos contaban historias de niños a los que se llevaron y de los que no dejaron ni los huesos. Ahora sé que se trataba de una historieta para asustarnos y evitar males mayores, pero entonces lo creía a pies juntillas.

Una noche sin luna —ni me acuerdo de dónde veníamos— mi padre pinchó una rueda apenas a un kilómetro de nuestra casa. Al ir a cambiarla se dio cuenta de que, por culpa del diablo o de su propio despiste, no tenía gato en el coche; así que, mientras él aflojaba los tornillos y preparaba la rueda de repuesto, mi hermano menor y yo, provistos de una linterna, fuimos a casa a buscarlo. Yo tenía once años, mi hermano, siete.

LA EMPLEADA DE LA AGENCIA PÚBLICA DE EMPLEO
Muy pequeños para recorrer solos la noche.

EL DESEMPLEADO
La época era otra, ahora todo nos da pavor. Recuerdo que la oscuridad era tan densa que la linterna abría un túnel de luz cada vez que nos movíamos. Al principio lo encontramos divertido, ¡una gran aventura!, pero en cuanto oímos la primera pisada supimos que aquello acabaría mal. No puede imaginarse lo fino que el oído se vuelve cuando acecha un peligro. Lito, mi hermano, fue el primero en darse cuenta. Nos paramos en seco y apuntamos con la linterna en todas direcciones: los perros estaban a nuestro alrededor, observándonos, estudiándonos para ver qué tipo de presa éramos. Nunca había sentido tanto miedo.

Un instante de silencio.

LA EMPLEADA DE LA AGENCIA PÚBLICA DE EMPLEO
¡Bueno! ¿Y qué pasó? Venga, concluya.

EL DESEMPLEADO
No pasó nada. Mi padre, que se había arrepentido de habernos dejado ir solos a casa, vino a buscarnos y los perros se largaron con el rabo entre las patas. Como le he

dicho antes, esos pobres bichos estaban muy lejos de ser agresivos.

LA EMPLEADA DE LA AGENCIA PÚBLICA DE EMPLEO
¿Y ya está? ¿Eso es todo?

EL DESEMPLEADO
Pues sí, ¿qué quería?

LA EMPLEADA DE LA AGENCIA PÚBLICA DE EMPLEO
(Muy simpática). Ich wollte die Hunde anzugreifen, die in den Boden geworfen, und die Arme, Beine und Eingeweide gegessen, bevor sie Sie töten ["Que los perros os atacasen, que os tirasen al suelo y se comiesen vuestros brazos, vuestras piernas y vuestras tripas antes de mataros"].

EL DESEMPLEADO
Perdone, sigo sin hablar alemán.

LA EMPLEADA DE LA AGENCIA PÚBLICA DE EMPLEO
(Dulce). ¿Cómo dice?

EL DESEMPLEADO
No..., que no hablo alemán.

LA EMPLEADA DE LA AGENCIA PÚBLICA DE EMPLEO
Yo tampoco.

El TIPO MUY GRIS *vuelve a asomarse por uno de los laterales y hace gestos a la* EMPLEADA DE LA AGENCIA PÚBLICA DE EMPLEO, *que repara en su presencia. Al verlo, el* DESEMPLEADO *siente un nuevo escalofrío.*

EL TIPO MUY GRIS
(Impaciente). Schon? [¿Ya?].

LA EMPLEADA DE LA AGENCIA PÚBLICA DE EMPLEO
Nein, noch nicht. Noch Fünf Minuten ["No, todavía no. Cinco minutos"].

El TIPO MUY GRIS *vuelve a marcharse.*

LA EMPLEADA DE LA AGENCIA PÚBLICA DE EMPLEO
¿Qué decíamos?

EL DESEMPLEADO
Hablábamos del alemán, pero... En fin..., da igual.

LA EMPLEADA DE LA AGENCIA PÚBLICA DE EMPLEO
¡Ah, sí! Pero no, no da igual. ¡Cómo va a dar igual! Los empleados públicos estamos sometidos a un estricto control de calidad, no me gustaría que por esta tontería me pusiese usted una carita triste en el cuestionario de satisfacción, ¿me entiende? Le aseguro que yo no hablo ni he hablado nunca alemán, las lenguas no se me dan bien.

EL DESEMPLEADO
¿Y entonces en qué lengua ha hablado con el tipo ese que acaba de entrar?

LA EMPLEADA DE LA AGENCIA PÚBLICA DE EMPLEO
¿Tipo? ¿Qué tipo? ¿Se refiere al que entró hace unos minutos? Yo no he hablado con nadie..., aparte de con usted, ¡claro!

EL DESEMPLEADO
¡Vale, pues ya está! Ni habla usted alemán, ni acaba de hablar con un tipo que estaba ahí hace un momento.

LA EMPLEADA DE LA AGENCIA PÚBLICA DE EMPLEO
¡Correcto!

Tenso silencio entre ambos en el que no se sabe si el DESEMPLEADO *va a echarse a reír o a comenzar a llorar.*

LA EMPLEADA DE LA AGENCIA PÚBLICA DE EMPLEO
Entonces, dígame, señor Moreno, ¿cuál es último trabajo que realizó en España antes de emigrar?

EL DESEMPLEADO
Hace más de quince años... Profesor de español para extranjeros. Tres... No, cuatro, cuatro años de experiencia.

LA EMPLEADA DE LA AGENCIA PÚBLICA DE EMPLEO
¿Trae el contrato?

EL DESEMPLEADO
¿Está de broma? No tenía contrato, fue aquí, en España.

LA EMPLEADA DE LA AGENCIA PÚBLICA DE EMPLEO
(Escribe algo en el ordenador). De acuerdo... En seguida acabamos. ¿Alguna discapacidad?

EL DESEMPLEADO
Por suerte no.

A la EMPLEADA DE LA AGENCIA PÚBLICA DE EMPLEO *se le saltan las lágrimas por la emoción.*

LA EMPLEADA DE LA AGENCIA PÚBLICA DE EMPLEO
Perdone, pero es que... Sabía que este día llegaría. Es usted la primera persona que ha dicho eso, sentada en esa silla, desde que trabajo aquí.

EL DESEMPLEADO
(Contrariado). ¿Qué he dicho?

LA EMPLEADA DE LA AGENCIA PÚBLICA DE EMPLEO
"Por suerte no".

El DESEMPLEADO *la mira sin comprender.*

LA EMPLEADA DE LA AGENCIA PÚBLICA DE EMPLEO
A la pregunta, "¿Alguna discapacidad?", la mayoría de gente responde: "¡Ojalá! Aparcamiento gratuito y facilidades para ser funcionario".

EL DESEMPLEADO
¡Qué horror! No puede ser cierto.

LA EMPLEADA DE LA AGENCIA PÚBLICA DE EMPLEO
(Seca). Lo es.

Ambos se miran en silencio. Súbitamente, el DESEMPLEADO *se agarra el pecho como si acabase de darle una punzada.*

LA EMPLEADA DE LA AGENCIA PÚBLICA DE EMPLEO
¿Se siente mal?

EL DESEMPLEADO
Deme un segundo.

LA EMPLEADA DE LA AGENCIA PÚBLICA DE EMPLEO
¿Quiere que llame al 112?

EL DESEMPLEADO
¡No!... Por favor... Un segundo.

LA EMPLEADA DE LA AGENCIA PÚBLICA DE EMPLEO
Está usted pálido. Aquí no tenemos desfibrilador. Le advierto que si está usted sufriendo un infarto/

EL DESEMPLEADO

No... ¿Un infarto? *(Se va reponiendo).* No, ¡qué va! No estoy sufriendo... un infarto. Es la negrura.

LA EMPLEADA DE LA AGENCIA PÚBLICA DE EMPLEO

Ya estamos otra vez.

EL DESEMPLEADO

A veces siento como un borbotón de oscuridad que me sale de aquí *(se señala el corazón),* de muy adentro. Es una fuerza fría y devoradora que anula la luz. Trato de no engancharme a ella, trato de dejarla pasar y que se aleje lo más posible de mí; porque, de no hacerlo, si me aferrase a ella, si me dejase dominar por su abyecto poder...

LA EMPLEADA DE LA AGENCIA PÚBLICA DE EMPLEO

(Aburrida). No será para tanto.

EL DESEMPLEADO

No diga eso. Si usted supiera, si sintiese, aunque fuese por instante, la maldad que irradia... Es la misma negrura que el ser humano lleva arrastrando desde los confines del tiempo, cuando todavía cercano al mono acababa sin piedad con sus semejantes y saciaba su hambre en ellos. ¿Sabía usted que en los restos de Atapuerca se han encontrado signos de canibalismo?

LA EMPLEADA DE LA AGENCIA PÚBLICA DE EMPLEO

Ni lo sabía, ni me interesa.

EL DESEMPLEADO

Pues sí, nuestros más remotos ancestros eran caníbales. Y así seguimos ochocientos mil años después. ¿No es una catástrofe? *(No la deja responder).* Continuamos sumidos en la más profunda oscuridad, clamando por que alguien encienda una luz que nos permita comprender el Universo y, al mismo tiempo, aterrados ante la idea de que esa luz nos desvele una realidad mucho más terrible que cualquiera que hayamos podido soñar. ¿No es como para llorar a lágrima viva?... ¿No es como para romperse el pecho de risa? El ciego prefiere seguir en las tinieblas para no ver el rostro de aquello que identifica como Dios, su Dios, y que no es más que un perro, otro ciego, un viandante que ha errado el camino, una enfermera que ha ido a buscarlo, un pobre bobo que persigue mariposas y se ha topado con él, un asesino al acecho.

LA EMPLEADA DE LA AGENCIA PÚBLICA DE EMPLEO
Filósofo, ¿no?

EL DESEMPLEADO
No, un ser humano cualquiera con los ojos entreabiertos. ¿Usted no se hace preguntas?

LA EMPLEADA DE LA AGENCIA PÚBLICA DE EMPLEO
¿Para qué? Yo tengo todas las respuestas.

EL DESEMPLEADO
¡Qué suerte! Espero que sean correctas. Lo poco que he llegado a atisbar es que la negrura impregna nuestra historia y la empuja a repetirse. Cambian los modos, cambian los rostros, cambian los nombres, cambian los detalles, pero esencialmente, todo se repite. Como las estaciones, como la puesta de sol, como el ciclo de la vida cuando se observa desde fuera: naces, creces, te reproduces y mueres. Naces, creces, te reproduces y mueres. Naces, creces, te reproduces y mueres. Y así una y otra vez... Una y otra vez.

LA EMPLEADA DE LA AGENCIA PÚBLICA DE EMPLEO
Como una peonza.

EL DESEMPLEADO
Y así para siempre. Una y otra vez. Lo mismo ocurre con el mal, ese mal congénito que arrastra el ser humano y que se mostró impúdico ante nosotros en los campos de exterminio durante la II Guerra Mundial. Si no hacemos nada, la oscuridad que anida y se ceba en el corazón humano volverá a campar sobre la Tierra..., pero, ¿qué podemos hacer para evitarlo?

LA EMPLEADA DE LA AGENCIA PÚBLICA DE EMPLEO
Ruhen Sie, Freund, in diesem Land, haben wir was wir brauchen um der Dunkelheit zum mästen, als Beweis: die Massengräber und sich selbst ["Descansa, amigo, en este país ya tenemos cuanto hace falta para engordar la oscuridad, como prueba: las fosas comunes y tú mismo"].

El DESEMPLEADO *está apunto de volver a decirle que no habla alemán, pero desiste justo cuando iba a comenzar a hacerlo.*

LA EMPLEADA DE LA AGENCIA PÚBLICA DE EMPLEO
¿Sí?

EL DESEMPLEADO
No, nada.

LA EMPLEADA DE LA AGENCIA PÚBLICA DE EMPLEO
¿Seguro?

EL DESEMPLEADO
Y tanto.

LA EMPLEADA DE LA AGENCIA PÚBLICA DE EMPLEO
Bueeeno, señor don Francisco Moreno Ruiz, pues a tenor de sus títulos académicos y de su experiencia profesional, y teniendo en cuenta sus conocimientos en lenguas extranjeras y demás competencias, tiene usted el perfil que se requiere para trabajar como: repartidor de octavillas publicitarias, lavaplatos, guardián de aparcamiento, paseador de perros y peón de albañil.

EL DESEMPLEADO
Pero yo sé dirigir un teatro.

LA EMPLEADA DE LA AGENCIA PÚBLICA DE EMPLEO
Eso dice.

EL DESEMPLEADO
Y hablo tres idiomas.
LA EMPLEADA DE LA AGENCIA PÚBLICA DE EMPLEO
Lo que también está por demostrar.

EL DESEMPLEADO
Y soy doctor.
LA EMPLEADA DE LA AGENCIA PÚBLICA DE EMPLEO
En Filosofía.

EL DESEMPLEADO
¡Filología, hostias, Filología!

A la EMPLEADA DE LA AGENCIA PÚBLICA DE EMPLEO *le da un ataque de risa.*

EL DESEMPLEADO
Pero, ¿me quiere decir qué gracia tiene que sea doctor en Filología?

LA EMPLEADA DE LA AGENCIA PÚBLICA DE EMPLEO
(Al borde del colapso). ¡Basta!... ¡No siga con eso!... Por favor...

EL DESEMPLEADO
Córtese un poco, oiga, que es muy serio. *(Patético).* ¡Soy doctor en Filología!

El ataque de risa es todavía más intenso. La EMPLEADA DE LA AGENCIA PÚBLICA DE EMPLEO chilla entre risotadas, se agarra la barriga.

LA EMPLEADA DE LA AGENCIA PÚBLICA DE EMPLEO
¡Me meeeeo!

Atónito, el DESEMPLEADO *la observa con una terrible expresión de abatimiento.*

LA EMPLEADA DE LA AGENCIA PÚBLICA DE EMPLEO
¡Ya! ¡Ya! *(Se calma).* ¡Ay!

Un instante de pesado silencio en el que ambos se observan. Y da la impresión de que para esas dos criaturas hieráticas el tiempo se detiene, que el espacio vibra y se descuelgan las máscaras.

LA EMPLEADA DE LA AGENCIA PÚBLICA DE EMPLEO
(Grave). Pues ya hemos terminado. *(Se pone en pie y toca un silbato policial).*

Música terrible con reminiscencias circenses y sacras. Entra el TIPO MUY GRIS, *borrego funcional,* kapo *de campo de exterminio, empujando un carro de hipermercado en el que reposan, desnudos, cinco famélicos cadáveres.*
La EMPLEADA DE LA AGENCIA PÚBLICA DE EMPLEO *se va a una zona penumbrosa y se desviste.*
El TIPO MUY GRIS *levanta al* DESEMPLEADO *de la silla. Lo desnuda y le pone el pijama de rayas que lo identifica como prisionero de un campo de exterminio. Un triángulo negro con la punta hacia abajo cosido en el pecho.*
Mientras eso ocurre, la EMPLEADA DE LA AGENCIA PÚBLICA DE EMPLEO *también se viste.*
El TIPO MUY GRIS *coloca las manos del* DESEMPLEADO *en las empuñaduras del carrito.*
La EMPLEADA DE LA AGENCIA PÚBLICA DE EMPLEO, *vestida de comandante de la SS, regresa junto al* DESEMPLEADO.

LA EMPLEADA DE LA AGENCIA PÚBLICA DE EMPLEO
Wenn Sie die Leichen in die Grube geworfen haben, müssen Sie vier Kugeln Kalk werfen. ["Cuando hayas arrojado los cadáveres a la fosa, tienes que echar cuatro paladas de cal"].

El DESEMPLEADO *la mira con el gesto perdido.*

LA EMPLEADA DE LA AGENCIA PÚBLICA DE EMPLEO
Haben Sie verstanden? [¿Has entendido?].

El DESEMPLEADO, *muy quieto, guarda silencio.*

LA EMPLEADA DE LA AGENCIA PÚBLICA DE EMPLEO

(Agresiva). Was passiert, verstehen Sie mich? ["¿Que si me has entendido?"]. Cuando hayas arrojado los cadáveres a la fosa, tienes que echar cuatro paladas de cal.

EL DESEMPLEADO

(Caricatura siniestra). Cuatro paladas de cal... *(Al público).* Cuando pensamos en los campos de exterminio, a nuestra mente acuden imágenes del genocidio relacionadas con la crueldad nazi y el asesinato de toda esa pobre gente, ¿no es así? Lo que nunca se nos pasa por la cabeza es la complejidad técnica del asunto, y no sólo para diezmar todo un pueblo, sino también para deshacerse de tantísimos cadáveres.

Sabían ustedes que los restos de las víctimas se combinaban a la hora de quemarlos. ¿A que no? Pues sí, se incineraban a la vez en el mismo horno cuerpos desnutridos con otros que no lo estaban tanto, es decir, que tenían cierta grasa, porque así el conjunto ardía mejor sin necesidad de malgastar combustible, lo que abarataba notablemente el proceso. Todo, muy bien pensado.

Gracias a los documentos encontrados en el campo de Auschwitz-Birkenau, conocemos los detalles del proceso de cremación de los cadáveres y podemos afirmar rotundamente que era... "formidable"; es decir, técnicamente admirable y absolutamente terrorífico. Para empezar, a partir de mil novecientos cuarenta y dos, en Auschwitz se asesinaba en las cámaras de gas a la mayoría de las personas que ingresaban en el campo y que eran consideradas por los médicos "no aptas" para trabajar. Esas personas ni siquiera eran incluidas en los registros, pasaban directamente de secuestrados a fantasmas, de ahí que resulte tan difícil establecer el número exacto de víctimas.

Había cuarenta y seis hornos, cada uno con capacidad para

incinerar entre tres y cinco personas. En los momentos en los que funcionaron a pleno rendimiento, fueron calcinados al día más de diez mil cuerpos y, en agosto del cuarenta y cuatro, esta cifra llegó a doblarse, pero aún así resultó insuficiente para acabar con el stock de cadáveres generado por la eficacia de las cámaras de gas. Los nazis tenían un verdadero problema... que resolvieron volviendo a los métodos tradicionales. De este modo, la incineración en fosas volvió a ser la forma principal de eliminación de cuerpos. Y lo mejor fue que, haciendo esto, abarataron los costes, pues las fosas tenían canalizaciones a los lados que recogían la grasa humana, grasa que era de nuevo vertida sobre los cadáveres, junto con aceite y alcohol, para que continuasen ardiendo.

Todo estaba pero que muy bien pensado.

Bien pensado.

Bien pensado.

Todo estaba y está pero que muy muy muy bien pensado. Era técnicamente perfecto. Lo es. En fin...

El DESEMPLEADO *recupera su actitud inicial. Muy despacio, suelta el carrito y se yergue con mucha dignidad. La* EMPLEADA DE LA AGENCIA PÚBLICA DE EMPLEO *saca su Luger y le pega un tiro en la cabeza.*

Un instante de quietud.

Refunfuñando, el TIPO MUY GRIS *le da un billete de veinte euros.*

LA EMPLEADA DE LA AGENCIA PÚBLICA DE EMPLEO

(Con una sonrisa socarrona en el rostro, mientras se guarda el dinero). ¿Te lo dije o no te lo dije? Ni pa' enterrador servía.

Suena una canción muy triste, un lamento, un quejío, *y, muy despacio, la oscuridad se hace, sembrando de angustia el corazón humano.*

Miguel Palacios

Dramaturgo y novelista, Miguel Palacios (Málaga, 1970) es miembro de la Generación Romero Esteo.
Entre otros premios y menciones ha ganado el I Premio de Dramaturgia Diputación de Córdoba (2022) con *Patriotas (Historia de un viejo y su perro)*, el XX Rafael Guerrero (2019) con *La huida*, y obtuvo el accésit del III Premio Romero Esteo (1999) con *El hombre del saco*.
En 2010 fue finalista del VII Premio Internacional Minotauro de Novela Fantástica y de Terror con *Tierra de nada*, publicada como *Los adoradores de la serpiente roja*, y en 2021 del II Premio Villiers de L'Isle Adam con *Zona de sombras*.
Entre 2000 y 2009 vivió en Francia y actualmente está afincado en Sevilla.
Varias de sus obras dramáticas han sido traducidas al francés.